초등학생의 진로와 직업 탐색을 위한
잡프러포즈 시리즈 49

헤어드레서는 어때?

차례

CHAPTER 01
헤어드레서 김원일의 프러포즈

- 헤어드레서 김원일의 프러포즈 … 10

CHAPTER 02
헤어와 스타일링

- 헤어드레서에게 헤어란? … 15
- 헤어스타일링은 무엇인가요? … 16
- 이 직업은 언제부터 있었을까요? … 20
- 우리나라 헤어산업의 역사가 궁금해요 … 22

CHAPTER 03
헤어드레서의 세계

- 고객의 취향을 파악하고 상담해요 … 27
- 각종 장비를 사용해 정성껏 시술해요 … 29
- 고객 정보를 세세하게 기록해요 … 30
- 헤어드레서의 하루 … 31

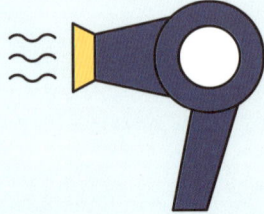

헤어드레서가 되려면

- 😊 다른 사람을 주인공으로 만들고 싶은 마음이 있어야 해요 … 39
- 😊 패션을 보는 눈, 미적 감각이 필요해요 … 40
- 😊 교육기관은 선택할 수 있어요 … 42
- 😊 기본기를 먼저 익힌 후 창의성을 발휘해요 … 46
- 😊 자격증을 취득하고 경력을 쌓아요 … 48

헤어드레서의 매력

- 😊 봉사하기 딱 좋은 직업이에요 … 53
- 😊 자신을 위한 시간을 찾을 수 있어요 … 54

CHAPTER 06　헤어드레서의 마음가짐

- 얼굴보다 머리를 먼저 보는 습관이 있어요 … 59
- 고객의 마음을 살피는 게 중요해요 … 61
- 고객을 대할 때 가장 중요한 것은 솔직함이에요 … 62
- 취미 생활로 스트레스를 풀어요 … 63

CHAPTER 07　헤어드레서 김원일을 소개합니다

- 어릴 적 꿈은 화가 … 69
- 머리에 물들이는 게 그림 그리는 것 같은 매력이 있어요 … 70
- 인생의 멘토는 작은아버지 … 71
- 꿈을 이루기까지 어려운 일도 있었어요 … 72
- 저를 믿고 찾는 단골 덕분에 힘이 나요 … 73
- 반려견 순심이와 산책하는 시간이 행복해요 … 75
- 헤어 기술을 전수하는 교육자로 활동해요 … 77

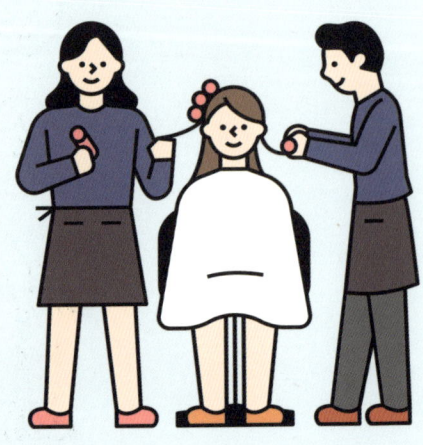

CHAPTER 08 · 10문 10답

- ☺ 헤어드레서가 보는 아름다움의 기준은 무엇인가요? … 83
- ☺ 손님에게 헤어숍은 어떤 의미가 있는 공간일까요? … 84
- ☺ 헤어숍 종류가 궁금해요 … 86
- ☺ 프랜차이즈 헤어숍은 어떤 특징이 있나요? … 87
- ☺ 헤어숍마다 왜 시술 비용이 다른가요? … 89
- ☺ 헤어드레서의 수입은 얼마나 되나요? … 91
- ☺ 이 직업의 미래를 어떻게 예상하세요? … 92
- ☺ 손님의 취향을 파악하는 노하우가 있나요? … 94
- ☺ 헤어산업이 발달한 나라는 어디인가요? … 95
- ☺ 앞으로 헤어숍은 어떻게 발전할까요? … 97

CHAPTER 09 · 김원일 헤어드레서의 V-LOG

- ☺ 김원일 헤어드레서의 V-LOG … 100

CHAPTER 10 · 나도 헤어드레서

- ☺ 나도 헤어드레서 … 122

헤어드레서 김원일의 프러포즈

어린이 여러분 안녕하세요? 헤어드레서 김원일입니다. 이 매력적인 직업을 여러분에게 소개하게 되어서 매우 기쁩니다. 헤어드레서는 누군가의 외모를 변화시켜 자신감을 북돋울 힘을 가지고 있으며, 변화된 헤어스타일로 사람들을 기분 좋게 만드는 보람 있는 직업입니다. 고객의 만족을 위해 끊임없이 새롭고 독특하며 아름다운 모양의 헤어스타일을 만드는 창의적인 일이기에 예술의 한 형태라고 할 수 있지요.

여러분이 쉽게 볼 수 있는 헤어드레서는 미용실에서 일하고 있을 거예요. 그러나 헤어드레서가 일하는 곳은 미용실만이 아니에요. 패션쇼 현장에서 의상과 모델이 돋보이도록, 스튜디오에서 촬영하는 사진의 목적에 맞도록 사람들의 헤어스타일을 연출하고, 연예인의 평상시 스타일링 또는 촬영 현장에 맞는 스타일링을 담당하는 일도 하지요. 그리고 헤어드레서를 양성하는 대학과 교육기관에서 교수나 강사로 활동하는 사람들도 있어요. 이처럼 헤어드레서가 할 수 있는 일이 정말 많아요.

헤어드레서라는 직업은 아주 오래된 직업이고, 앞으로도 오랫동안 지속될 직업이에요. 외모에 관심이 없는 사람들도 이발, 헤어스타일링, 염색 및 기타 헤어 관련한 서비스를 찾고 있고, 개성 있는 아름다움을 추구하는 사람들은 더더욱 헤어스타일에 관심이 많기 때문이지요. 이런 흐름에 따라 참신한 헤어스타일링과 새로운 기술이 많이 개발되고 있어서 앞으로 헤어드레서는 뷰티 산업을 이끌어갈 직업으로 더 주목받을 거예요.

저는 이 직업의 장점으로 일과 삶의 균형을 이룰 수 있다는 것을 꼽아요. 개인 헤어숍을 운영하며 자신이 정한 규칙에 따라 살 수 있고, 프리랜서로 일하며 내가 원하는 시간과 장소에서 일할 수 있어요. 누구의 간섭도 받지 않고 자율적으로 삶을 결정하고, 일을 통해 번 돈으로 취미와 여가를 즐길 수 있는 직업이지요. 또한, 직업인으로서 갖춰야 할 기술을 익힌 다음에는 본인의 적성에 맞게 현장에서 혹은 교육의 장에서 원하는 활동을 마음껏 할 수 있어요. 이제 이 직업의 미래가 그려지나요? 멋진 헤어드레서로 성장할 여러분을 응원하며 저는 미래에서 기다리겠습니다.

- 헤어드레서 김원일

2장에서는?

헤어는 사람의 첫인상을 결정하는 중요한 요소 중 하나예요. 청결 상태와 스타일에 따라 그날의 기분, 하는 일, 개성이 표현되지요. 사람들이 언제부터 헤어에 관심이 있었고, 헤어를 관리하는 직업은 언제 생겼는지 그 유래를 알아보아요.

헤어드레서에게 헤어란?

사람들이 흔히 헤어라고 하면 모발을 생각하는데요. 모발은 사람 신체의 털을 통틀어 이르는 말로 털이 자란 부위에 따라 이름이 달라요. 머리에 나는 두발, 턱 밑과 코 밑에 나는 수염, 눈 주위에 나는 속눈썹과 눈썹, 콧속에 나는 코털 등이 있지요. 사람들이 모발을 두발, 즉 머리카락과 같은 뜻으로 사용하는데, 헤어드레서에게 헤어는 모발 중에서 두발만을 뜻해요.

모발은 크게 두 가지 기능이 있어요. 하나는 바깥의 위험한 상황으로부터 몸을 보호하고 몸속의 노폐물을 배출하는 건강 기능이고, 다른 하나는 아름다움과 개성을 표현하는 미용의 기능이에요. 그리고 모발은 두피와 맞물려 있어요. 두피가 건강해야 모발이 건강하기 때문에 헤어 시술을 할 때 두피를 보호하는 데 신경을 써야 하지요.

헤어스타일링은 무엇인가요?

　헤어스타일링은 크게 염색, 펌, 커트로 나눌 수 있어요. 염색은 염모제를 이용해 모발 본래의 색을 인공적인 색으로 물들여 표현하는 거예요. 멋내기 염색, 새치 염색, 탈색이 모두 염색에 포함되지요.

　펌은 약제를 이용해 모발을 구부리거나 펴는 것으로 일반펌과 열펌으로 나뉘어요. 흔히들 스트레이트 또는 웨이브라고 해요. 일반펌은 머리카락에 약제를 바르고 플라스틱 기구를 이용해 컬을 만든 뒤 실온에서 자연스럽게 펌이 만들어지도록 하는 방식으로 미용실에서 흔히 보는 거예요. 열펌은 머리카락에 약제를 바른 뒤 매직기나 디지털 기기 등으로 열을 가해 컬을 만들어요. 일반펌에 비해 열펌은 시간도 오래 걸리고 가격도 비싼 편인데요. 열펌에 사용하는 약제도 비싸지만, 헤어드레서의 기술력과 노동이 더 많이 들어가기 때문이에요. 열펌은 자연스러운 아름다움을 원하는 젊은 여성이나 남성 고객들이 더 많은 편이에요.

커트는 머리카락을 자르는 행위로 헤어디자인 중에서 가장 기본적이면서 또 가장 중요한 기술이에요. 자르는 길이에 따라 롱, 미디엄, 숏, 이렇게 세 가지가 있고, 커트하는 방식도 세 가지가 있어요. 머리카락을 같은 길이로 층을 내지 않고 자르는 단정하고 깔끔한 느낌의 원랭스$^{One\ Length}$는 단발 보브컷으로 표현되는데요, 똑 단발이라고도 하지요. 머리카락을 위에서부터 아래로 점차 짧게 잘라 뒷머리가 살짝 올라가면서 자연스럽게 층이 생기는 그래쥬에이션^{Graduation}은 쇼트컷이나 A라인 보브컷에서 볼 수 있어요. 또 머리카락이 겹치는 층의 길이 차이를 크게 두어 머리가 가벼워 보이고 움직임이 풍부해지는 레이어^{Layer}가 있는데요. 대표적으로 레이어드 컷이나 샤기 컷으로 표현돼요. 커트 기술은 이렇게 여러 가지가 있기 때문에 고객과 소통해 취향에 맞게 디자인하는 것이 중요해요.

탈색을 3~4회 진행하고 컬러 섹션을 네 개로 나누어 각각 다른 색을 입힌 헤어스타일링.

사이드와 뒷면을 두피가 보일 정도로 자른 바버 숍 커트, 페이드 컷.

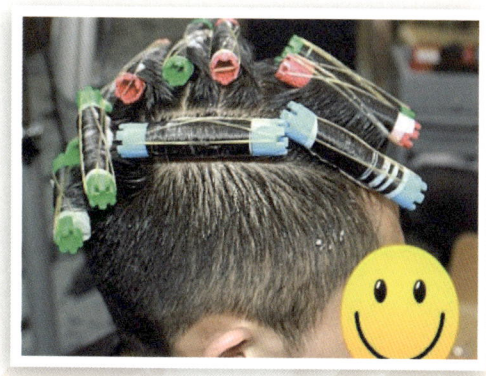

어린이 고객의 두 블록 가르마 펌.

이 직업은 언제부터 있었을까요?

머리를 청결하고 곱게 가꾸는 일은 인간이 아름다움이라는 미적 감각을 가졌을 때부터 하지 않았을까요? 본인이 스스로 가꾸기도 하고 때로는 다른 사람이 가꾸어 주는 일은 아주 오래전부터 있었을 거예요. 헤어 시술을 직업으로 삼았던 역사는 기원전으로 거슬러 올라가 고대 이집트, 메소포타미아 등에서 찾아볼 수 있어요. 주로 계급이 높은 남성들의 머리카락과 수염을 다듬었는데, 그 일을 하는 사람들을 이발사Barber라고 불렀어요. 바버숍도 있었는데요, 그곳에서 남성들이 모여 정치와 학문에 관한 토론도 했다고 하네요.

반면에 우리나라에 미용사라는 직업이 생긴 것은 비교적 최근의 일이에요. 여러분도 알다시피 우리나라는 조선시대까지 남녀노소 모두 평생 머리카락을 자르지 않고 길러 따거나 묶어 올림머리를 했어요. 다른 헤어스타일을 허용하지 않았기 때문에 헤어 시술이 필요하지 않았던 거지요. 그러다 1895년 고종이 단발령을 내리고 머리카락을 자른 이후 사람들이 머리카락을 자르기 시작했어요. 짧은 머리카락을 유지하기 위해서는 전문적으로 커트를 할 수 있는 미용사가 필요했어요. 또 여성들도 머리카락을 자르고 펌을 하는 등 다양한 헤어스타일에 관심을 가지자 1910년 서울 종로에 미용실이 처음 문을 열었어요. 그곳에서는 서양식 헤어스타일과 미용 문화가 소개되었고, 현대적인 미용 기술도 사용되었지요.

우리나라 헤어산업의 역사가 궁금해요

1900년대 초 여성들이 쪽머리나 올림머리를 하던 전통적인 머리 모양에서 벗어나자 서양식 웨이브와 단발머리 등 근대적인 헤어스타일이 크게 유행했어요. 당시에 신식 교육을 받고 서양식 의상과 헤어스타일을 한 여성들을 신여성이라고 불렀는데, 여성들 사이에서 동경의 대상이 되었어요. 그들을 따라하려는 여성들이 늘어나다 보니 자연스럽게 미용실도 하나둘 생기게 되었지요. 하지만 당시만 해도 일제강점기였기 때문에 대부분의 미용실은 일본인 미용사들이 중심이었어요.

해방과 전쟁을 지나오면서 미용 산업은 크게 성장했어요. 1950년대에 펌 기술과 염색 기술이 발달해 다양한 헤어스타일이 가능해졌거든요. 그 즈음이 되면 남성들은 대다수가 짧게 자른 머리 모양을 하고 있어서 정기적으로 커트를 해야 말끔해 보이고, 여성들 중에는 펌을 하는 사람들이 많았어요. 이렇게 수요가 늘다 보니 1970년대가 되면 미용사를 전문적으로 양성하는 미용학원과 미용 전문학교가 많이 생겼어요. 또 국가 미용 자격증 제도를 도입해 직업의 전문성을 인정받게 되었지요.

헤어스타일도 시대마다 트렌드가 있어요. 1970~80년대는 일본과 미국의 영향으로 볼륨 있는 컷, 숏컷, 스트레이트 헤어 등이 유행했고, 1990년대는 다양한 헤어 컬러와 레이어드 컷이 큰 인기를 끌며 헤어스타일에 어울리는 패션에 관한 관심도 높았어요. 1990년대에는 미용 산업에도 큰 변화가 생겼어요. 이전까지는 대부분 개인이 동네를 기반으로 미용실을 운영하는 형태가 많았는데, 대형 체인 미용실이 생기기 시작했지요. 그와 함께 미용실의 기능도 확장되었는데요. 커트와 펌은 기본이고 손상된 헤어와 두피를 건강하게 관리하는 클리닉 등 헤어와 관련된 모든 서비스가 가능한 곳으로 발전했어요.

2000년대가 되면 헤어를 비롯한 우리나라의 미용 산업이 크게 성장해 세계화되었어요. 한국의 패션과 뷰티가 세계인의 사랑을 받으면서 한국의 헤어스타일도 크게 주목받았어요. 헤어스타일의 변화는 기술의 발전과 맞물려 있는데요. 한국의 헤어드레서들이 세계적인 헤어 경연대회에 참가해 기술력을 국제적으로 인정받았어요. 헤어산업도 K-뷰티의 한 부분을 담당하고 있지요.

3장에서는?

다른 사람의 헤어스타일을 완성하는 일은 쉽지 않아요. 사람 몸의 일부인 헤어를 다루는 시술은 뛰어난 기술력이 있다고 손님이 만족할 만한 결과가 나오는 것도 아니에요. 손님과 소통하는 과정 또한 중요한 업무인데요. 헤어드레서가 하는 구체적인 일은 무엇인지 알아보아요.

고객의 취향을 파악하고 상담해요

손님이 오면 제일 먼저 취향을 파악해야 해요. 자연스러운 스타일을 좋아하는지, 화려한 스타일을 좋아하는지, 유행하는 스타일을 좋아하는지 파악하는 게 중요해요. 경력이 꽤 있거나 감각이 뛰어난 헤어드레서에게는 어려운 일이 아닌데, 연차가 얼마 안 된 헤어드레서에게는 조금 벅찬 일이 되기도 해요. 그때는 기술적인 부분에 집중하는 경향이 있기 때문이죠.

고객의 취향을 파악했다면 다음으로 고객을 끌어갈지 고객을 따라갈지 판단해야 해요. 끌어가야 한다면 적극적으로 추천하면서 주도하고, 아니면 고객에게 질문하고 답을 들으면서 정보를 얻어야죠. 상담은 곧 매출로 이어지는데요. 화려한 것을 좋아하는 고객이라면 스타일의 변화를 크게 주고, 커트를 하러 왔어도 상담하면서 염색이나 펌을 추천할 수 있어야 해요. 상담에 따라 어떤 시술을 할지, 그 시술의 적당한 가격은 얼마인지, 시술은 어떤 순서로 하고, 시간은 얼마나 드는지 결정돼요.

어떤 시술을 할지 결정했다면 다음은 순서대로 일을 진행하면 돼요. 상담할 때 이미 샴푸를 먼저 할지, 커트를 먼저 할지, 염색한 후 커트할지, 펌을 한 후 커트할지 정했기 때문에 그 순서를 따르는 거예요. 모든 시술이 끝나면 손님이 긴장을 풀고 편안한 기분이 되도록 두피 스파로 마무리지어요.

각종 장비를 사용해 정성껏 시술해요

    헤어드레서는 보통 본인의 장비를 가지고 있어요. 가위, 드라이기, 매직기, 펌을 하는 아이론 기계, 롤, 왁스, 스프레이까지도 개인 장비를 갖추고 있죠. 개인 숍은 너무 당연하고, 브랜드 숍도 고정 시설과 큰 장비를 제외하고 웬만한 것은 다 각자 가지고 다녀요. 요즘엔 드라이기도 공용으로 쓰지 않고 최고급 드라이기를 구입해 사용하는 헤어드레서도 많아요. 대형 헤어숍은 대부분 월급제가 아니라 매출의 일정 비율을 받기 때문에 더 좋은 서비스로 더 많은 고객이 찾는 헤어드레서가 되려고 노력하지요.

    하지만 장비보다 중요한 것은 기술력이에요. 손님이 원하는 스타일로 시술하는 것은 너무 당연하고, 더 나아가 헤어드레서가 생각한 스타일을 구현하는 것도 중요해요. 가끔 손님은 마음에 든다고 하는데 제가 만족하지 못하는 때도 있어요. 분명히 어느 부분을 놓친 것 같은데 딱 잡히지 않으면 손님에게 미안한 마음이 들어요. 그리고 더 노력해야겠다고 마음 먹지요.

고객 정보를 세세하게 기록해요

　브랜드 숍에서는 고객 일지를 쓰는 게 기본이에요. 고객이 하려는 헤어 스타일링과 모발 상태, 시술에 걸리는 시간 등을 다 적어서 고객에게 보여 주고 사인을 받을 때도 있어요. 왜냐하면 고객이 상담할 때와 시술이 끝났을 때 말이 다를 수도 있고, 잘못 이해할 수도 있어서 상담한 내용을 기록하고 체크해서 보여주는 거죠. 그러면 고객의 신뢰를 얻을 수 있어요.

　일지에는 고객이 받은 시술과 고객의 특성을 다 적어요. 염색했다면 어떤 컬러, 몇 레벨인지, 파마는 몇 호의 롤로 말았는지, 고객의 모발 상태는 어땠는지 등 세세한 것을 다 기록하죠. 다음번에 고객이 와서 지난번과 같게 해달라고 했을 때 헤어드레서가 바뀌더라도 완벽하게 같지는 않아도 거의 비슷하게 서비스할 수 있어요. 요즘엔 프로그램 저장 기능을 활용해 생일에 축하 문자도 보내고, 정기적으로 방문하는 고객에게는 자동으로 방문할 시기가 되었다는 문자도 발송해서 고객 관리에 활용할 수 있어요.

헤어드레서의 하루

다양한 손님이 머리를 하기 위해 종일 오는 일요일의 하루를 소개할 게요.

아침 9시 30분 : 출근해서 손님 맞을 준비를 해요

매장 문을 열고 들어가자마자 모든 스위치를 켜요. 카운터에 있는 컴퓨터를 켜고, 창문을 열어 환기해요. 어제 일을 마치고 미처 정리하지 못한 시술 도구가 있으면 제자리에 옮기고, 빨아서 말린 수건도 정리해요. 컴퓨터를 열어 예약 스케줄을 보고, 제 머리를 스타일링해요. 손님을 맞을 준비를 하는 거지요. 그리고 커피 한 잔을 타서 마시며 잠깐 마음의 여유를 가져요. 오늘은 매우 바쁜 일요일이라 중간에 쉬는 시간이 없을 수도 있으니 평온한 아침 시간을 즐기는 거예요.

아침 10시 : 첫 손님을 맞아요

첫 손님은 단골손님인 여성이에요. 딱히 스타일링을 제안하거나 상담할 필요가 없어요. 오늘은 단발 커트로 해달라고 해서서 원하는 길이만큼 자르고 새치 염색을 했어요. 샴푸 후에 드라이 커트를 한 번 더 보고, 드라이로 볼륨을 살려 C컬로 마무리했어요.

아침 11시 : 결혼식에 가시는 손님이 오셨어요

첫 손님의 염색약을 바르는 중에 결혼식에 가신다고 드라이 시술을 원하는 손님이 오셨어요. 긴 머리라 아이론을 사용해 S컬을 만들고, 롤을 사용해 뿌리를 살린 다음 에센스로 마무리해서 보내드렸어요.

아침 11시 30분 : 남성 고객에게 투 블록 가르마 펌을 시술했어요

짧은 머리의 손질을 간편하게 하려고 펌을 하는 남성 고객이 많아요. 오늘 오신 손님은 안쪽 머리를 너무 짧지 않게 잘라 다운 펌을 하고, 윗머리는 가르마가 잘 타지게 굵은 웨이브로 말았어요.

낮 1시 : 커트 손님들이 여럿 왔어요

예약 손님이 없어 잠시 쉬고 있는데 남자 손님 한 분이 문을 열고 들어와서 커트를 해 달라고 하시네요. 바리캉으로 커트를 짧게 하고, 왁스로 마무리했어요. 1시 30분이 되자 페이드 커트를 2주에 한 번씩 하는 손님이 왔어요. 옆 머리를 짧게 자르고 가르마는 스크래치를 내어서 포마드를 발라 마무리했어요. 머리를 기르고 있다는 손님은 상한 끝머리만 가볍게 다듬고 롤로 블로우 드라이 후 에센스를 발랐어요. 2시 30분에 교회 다녀오는 시간에 맞춰 예약한 근처 식당 사장님이 왔어요. 귀가 보일 정도로 짧고 단정하게 커트를 하고 왁스를 사용해 마무리했어요.

낮 3시 30분 : 손님들에게 염색 시술을 했어요

회색 머리를 갖고 싶은 고객이 왔어요. 이전에 일정 간격을 두고 세 번 탈색을 진행했고, 오늘은 마지막으로 12레벨의 회색 염모제를 사용해 염색 시술을 했어요. 노란 끼를 잡아주고 회색이 잘 나타나게 했더니 매우 만족하셨어요. 또 두 달에 한 번 뿌리 염색을 하는 고객도 예약하셨네요. 항상 하던 대로 뿌리의 새로 나온 부분부터 12레벨의 주황색으로 염색을 하고 두 달만큼 자란 머리를 잘라서 다듬어 주었어요.

낮 5시 : 손상된 머리는 클리닉으로 복구해요

곱슬한 머리를 가진 여자 손님이 왔어요. 찰랑거리는 머리를 갖고 싶다고 하는데 머리카락의 손상이 꽤 있어서 먼저 클리닉으로 복구하고 매직으로 매끄럽게 펴주었어요. 꽤 만족하고 가셨어요. 그 사이에 댄디컷으로 길게 잘라달라는 남성 손님이 왔어요. 이 손님이 수염도 다듬어 달라고 해서 가위로만 구레나룻을 살려서 잘라드렸어요. 여자 친구와 데이트한다길래 볼륨 매직기를 사용해서 마무리했지요.

밤 7시 : 가족이 함께 왔어요

엄마, 아빠, 아들이 항상 같이 오는 가족이에요. 아빠는 짧고 깔끔한 머리를 좋아하고, 아들은 아빠와 같은 스타일로 자르는 것을 좋아해요. 두 사람의 커트를 마치고 파마한 지 한 달밖에 안 돼서 웨이브가 잘리면 안 되는 엄마를 위해 끝만 살짝 다듬었어요. 가족이 돌아가고 마지막으로 멋쟁이 할머니라는 별명이 있는 손님이 왔어요. 옆머리는 귀에 꽂고 뒷머리는 풍성한 볼륨이 있는 스타일을 중요하게 여기는 분이라 청담동 사모님 스타일이라고 불리는 머리로 단발 커트 후 드라이해 드렸어요.

밤 9시 : 정리하고 퇴근해요

정말 바쁜 하루였어요. 일요일은 예약 손님도 많고, 지나가다 들르는 손님도 많아서 쉴 틈 없이 일을 해요. 몸은 힘들지만 머리 손질을 한 후 만족하며 돌아가는 손님들을 보면 뿌듯하지요. 마지막 손님이 가고 나면 짬이 날 때 돌려놓은 세탁기에서 수건을 빼 건조대에 널어요. 오늘 매출을 확인하고 모든 콘센트에서 코드를 빼고 컴퓨터도 꺼요. 마지막으로 둘러보고 문단속을 한 후 퇴근합니다.

오늘 하루 저를 도와 기다리는 손님을 위해 잡지도 갖다주고,
수건도 갖다준 순심이와 함께 미용실 문을 닫고 퇴근해요.
오늘은 놀아줄 시간이 많이 없었으니, 집에 가는 길에 산책하며
순심이 마음을 풀어주어야겠어요.

CHAPTER. 04

헤어드레서가 되려면

4장에서는?

이 일을 취미가 아니라 직업으로 삼으려면 어떤 마음가짐이 필요할까요? 미용 기술을 배우는 교육기관은 어디고, 기관마다 어떤 특성이 있을까요? 기술을 배울 때 중점을 두어야 하는 것은 무엇일까요? 이 장에서는 헤어드레서가 되는 과정을 자세히 알려드려요.

다른 사람을 주인공으로 만들고 싶은 마음이 있어야 해요

자신이 주인공이어야 마음이 편하고, 자기가 돋보이고 싶은 사람, 자기주장이 강한 사람은 이 직업과 맞지 않는 것 같아요. 새로운 무언가를 만들어내는 것을 좋아하면서 손재주가 있고, 자신보다는 다른 사람을 꾸며주기 좋아하는 사람이 더 잘 맞겠지요.

자기가 돋보이고 싶은 사람이 헤어드레서가 되면 미적 감각은 있을 수 있지만 고집이 세고 고객에게 자신이 생각하는 스타일을 강요하는 경우가 있어요. 왜냐하면 자기 생각이 다 맞다고 여기니까요. 그래서 외모를 잘 가꾸고 예쁜 미용사보다 수수한 미용사의 실력이 나을 때가 많아요. 미용사들끼리 서로 머리를 해주기도 하니까 실력을 잘 알죠.

그리고 최고를 목표로 하는 사람은 괜찮지만, 자만심이 가득한 사람은 좀 어려워요. 이 일은 겸손하게 배우려는 자세가 중요한데, 교육을 받는 과정에서 강사나 선배들이 하는 얘기들을 잘 안 들을 수 있으니까요.

패션을 보는 눈, 미적 감각이 필요해요

헤어드레서가 되는데 왜 패션 감각이 필요할까요? '패션의 완성은 헤어'라는 말도 있듯이 헤어스타일이 패션의 일부가 된 것은 오래전 일이에요. 제가 어릴 때만 해도 사람들은 헤어스타일과 패션을 따로 생각해서 입은 옷과 머리가 어울리지 않아도 그다지 상관하지 않았던 것 같아요. 그런데 요즘엔 머리끝부터 발끝까지 조화를 이루면서도 자신만의 개성을 표현하는 게 중요해요. 그게 미적 감각인데요. 자신과 타인의 개성을 잘 파악하고 그 포인트를 알아야 머리에 어울리는 옷이나 액세서리를 잘 맞출 수 있어요. 그리고 남들과 조금은 다른 관점을 가지고 세상을 바라보는 눈이 있으면 더 좋지요. 그러면 조화로우면서도 독특한 아름다움을 표현할 수 있거든요.

다른 사람을 꾸며주는 것을 좋아하고, 다른 사람에게 어울리는 것을 찾아 추천하는 친구들이 있잖아요. 그런 소질이 있으면 미용에 잘 맞을 거예요.

석사과정의 대학원생이 모두 참여하는 헤어쇼에서 실시간으로 올림머리를 시연하는 장면.

교육기관은 선택할 수 있어요

　헤어드레서가 되려면 헤어 미용사 자격증이 필요해요. 자격증을 취득하려면 교육기관에서 관련 교육을 받은 후 국가시험에 합격해야 해요. 시험은 필기와 실기로 나뉘는데, 필기시험은 미용 관련 이론과 법규 등을 평가하고, 실기시험은 실제로 헤어스타일링 능력을 평가해요. 필기시험은 혼자 준비할 수 있지만 실기시험은 혼자 준비할 수 없기 때문에 자신에게 맞는 교육기관을 선택하는 게 중요해요.

　교육기관은 꽤 다양하게 있어요. 일찍 진로를 결정했다면 미용고등학교에 진학하는 것도 좋아요. 대학의 미용학과에 진학하는 것도 한 방법이고, 짧은 기간에 자격증을 취득하고 싶다면 미용학원에 다니는 것도 괜찮아요. 그런데 학원과 학교는 교육목표와 과정이 조금 달라요. 학원은 미용사 자격증을 취득하기 위한 교육 위주이고, 학교는 전문적인 헤어드레서를 양성하기 위한 교육에 초점을 두지요.

실무 기술을 전문적으로 익히고 빨리 현장 경험을 하고 싶다면 학원이나 아카데미 쪽을 추천하고, 대학 생활도 하면서 이론과 실기를 두루 배우고 싶다면 대학을 추천해요. 학원이나 아카데미에서 배우고 자격증을 취득하면 숍에 취직해 단계별로 실무를 배우고 테스트에 통과하면 헤어드레서로 인정받아요. 보통 2년 6개월에서 3년 정도가 걸리죠. 대학 졸업생도 같은 길을 가기는 하는데, 2년에서 4년 동안 폭넓게 배우고 경험을 쌓은 사람은 졸업하고 바로 헤어드레서가 되는 경우도 있어요.

요즘엔 대학에 뷰티 분야 전공이 많이 생겼어요. 2년제 대학이 많은 편인데, 그중에는 미용 브랜드 회사와 계약을 맺고 미용사를 양성하는 곳도 있어요. 예전에는 유명 브랜드에서 자체적으로 직원 교육을 하거나 아카데미를 세워 미용사를 양성했는데, 요즘엔 대학과 연계해서 그 브랜드의 목표와 방향에 맞는 교육 프로그램으로 인재를 양성하는 단계로 한발 더 나아간 거지요.

학술적으로 미용에 접근하는 대학도 있어요. 예를 들면 서경대학교는 4년제 미용학부가 있고, 대학원에 석사, 박사 학위 과정이 개설되어 있어요. 저는 여기서 미용예술학 석사, 박사학위를 취득하여 지금은 대학과 여러 센터 등에서 제자들을 양성하고 있답니다.

백석예술대학교 제자들의 졸업작품 헤어쇼 참석.
제자들이 1회 졸업생이어서 처음으로 한 뜻깊은 행사였어요.

기본기를 먼저 익힌 후 창의성을 발휘해요

헤어드레서가 기본으로 익혀야 하는 것은 머리카락을 자르는 기술이에요. 탄탄한 기본기를 가진 미용사는 손님이 원하는 머리 모양으로 자르는 손이 거침이 없어요. 어디를 어떻게 잘라야 컷의 모양이 잘 나오는지 아니까요. 그리고 기본기가 잘 되어 있으면 손님도 안정감을 느끼고, 나아가 응용도 할 수 있어요. 반면에 기본기가 없는 미용사는 손놀림이 어수선하고 그 모습을 보는 손님도 불안해져요. 기본기는 헤어드레서의 자신감이라고 할 수 있겠어요.

학원이나 학교에서 커트를 배울 때는 보브, 레이어, 모히칸 등 스타일별로 정해진 이름에 따라 자르는 방법을 배워요. 미용실에 오는 손님들은 원하는 머리 모양의 이름을 모르고 연예인 누구 스타일로 잘라달라거나 어떤 모양으로 잘라달라고 말하는 경우가 많은데요. 기본기가 탄탄한 미용사는 손님의 설명을 듣고 어떤 커트인지 금방 알아차릴 수 있어요. 또 손님의 요구에 따라 조금씩 응용하는 것도 가능하지요. 손님이 뒤통수가 납작

하니까 입체적으로 보이도록 자르되 길이는 짧게 해달라고 하면 그게 보브 스타일이에요. 그런데 같은 보브여도 모든 사람에게 똑같은 모양으로 구현되는 것은 아니에요. 누군가는 더 길게, 누군가는 더 짧게 자르기를 바라고, 또 뒤쪽을 쳐내거나 풍성하게 살리기도 해요. 그럴 때 기본기가 있어야 손님에게 맞게 응용해서 시술할 수 있어요.

같은 스타일의 머리도 유행이 바뀌면 이름이 바뀌기도 해요. 예전에는 핑클 펌이었는데 요즘은 스왈로 펌이라고 하고, 샤기 컷, 지라시 컷, 거지 컷이라고 했던 스타일을 허시 컷이라고 하고, 굵은 웨이브 펌을 러블리 펌이라고 하거든요. 핑클 펌이나 스왈로 펌은 거의 같아 보이지만 꼬는 양이 조금 다르거나 약간의 변형이 있어요. 이런 작은 차이가 스타일의 차이를 만드는데, 역시 기본기가 있어야 변형하고 응용하는 기술을 잘 배울 수 있어요.

자격증을 취득하고 경력을 쌓아요

　자격증을 따면 미용업을 할 수 있는 자격이 갖춰진 거예요. 그렇지만 자격을 갖춘 것과 실력을 갖춘 것은 달라요. 브랜드 숍에서는 2년 반에서 3년 정도 스태프나 인턴 기간을 거쳐야 커트, 펌, 염색, 두피 관리 등의 기술을 모두 익힐 수 있고, 초급 헤어드레서로 인정받아요. 그래도 아직 미숙한 부분들이 많으니 경험을 더 쌓아야 하죠.

　요리사도 한식이나 양식 조리사 자격증이 있으면 음식을 만들거나 식당을 여는 데 문제는 없지만, 셰프라고 하진 않잖아요. 요리도 어느 정도 숙련의 기간이 필요하듯이 미용도 마찬가지예요. 청담동처럼 고급 콘셉트를 가진 숍에서는 인턴 기간이 5년에서 8년이 되기도 해요. 개인 숍은 원장이 더 많이, 더 빨리 기술을 알려주면 짧은 기간에 숙련될 수도 있고요. 그래서 헤어드레서가 빨리 되고 싶은 사람은 개인 숍을 선택하기도 해요. 물론 개인차도 있고 숍에 따라 차이도 있어서 기술적인 능력이 뛰어난 헤어드레서가 되는 기간은 다 달라요.

숙련된 헤어드레서가 된 것을 어떻게 알 수 있을까요? 새로운 기술 및 제품이 나오고, 새로운 손님이 오거나 다른 환경의 숍으로 이동해도 충분히 자기 몫의 일을 해낼 수 있으면 된 거예요. 그래서 자격증을 취득한 후 5년에서 8년 차 사이에 자기 숍을 차리는 사람이 많아요. 10년 이상 되면 베테랑 헤어드레서가 되는 것 같아요.

5장에서는?

헤어스타일에 관심이 많은 사람들, 스스로 머리를 잘 다듬어 스타일링을 할 줄 아는 사람들, 다른 사람의 머리를 가꾸어 주는 것을 좋아하는 사람들이 헤어드레서가 되는 꿈을 꾸어요. 좋아하는 일을 직업으로 가질 수 있다는 것 말고도 이 일만의 매력이 있다고 해요.

봉사하기 딱 좋은 직업이에요

저는 한 달에 한 번씩 무료 봉사를 하고 있어요. 동사무소와 연계해 65세 이상 조부모 가정, 저소득층 가정에 찾아가서 머리 손질을 해드려요. 여기저기 이동해야 하니까 간편하게 커트하는 장비 위주로 가지고 다니는데요. 봉사를 하다 보면 펌이나 염색이 필요한 분들이 있어요. 그러면 그분들에게 저희 숍으로 오시라고 해요. 숍에서는 커트, 펌, 염색까지 그분들에게 필요한 손질을 다 해드릴 수 있어서 저도 좋아요. 전부 무료인데 고맙다며 커피라도 사 먹으라고 3천 원, 5천 원씩 주고 가시는 분들이 있어요. 오실 때 반찬이나 먹을 것을 챙겨다 주시는 할머니도 계시고요. 그분들의 따뜻한 마음 덕분에 세상이 아직 살만하다고 느끼고, 이 일을 선택하기를 잘했다고 생각하지요.

자신을 위한 시간을 찾을 수 있어요

이 일을 처음 시작했을 때는 다른 직장인과 똑같거나, 오히려 일하는 시간이 조금 더 많고 바쁠 수도 있어요. 전문적인 기술을 습득하기까지 정말 많은 시간과 비용을 투자해야 하거든요. 그래서 처음에는 자신의 시간을 갖는 게 힘들지만, 헤어드레서로서 전문성을 가지게 되면 변화가 생기지요. 출근하는 요일과 시간을 조정해서 취미나 휴식 시간을 가질 수 있어요. 지금은 미용사가 선택할 수 있는 게 정말 많아요. 숍의 형태도 다양해서 자신의 일하는 스타일에 맞는 숍을 선택할 수 있고, 일하는 시간이나 장소도 스스로 결정할 수 있어요. 그만큼 자신의 삶을 주도적으로 살아갈 수 있는 기회가 많다는 거죠.

하지만 그런 삶을 살기 위해서는 내려놓아야 할 것이 있어요. 바로 돈에 대한 집착이에요. 어느 숍에 직원으로 있거나, 본인이 숍을 차렸거나 상관없이 돈에 얽매이면 더 늦게까지 일하며 자기 시간을 가지지 못해요. 어떤 마음을 갖느냐에 따라 어떤 삶을 살 것인가가 정해지는 것 같아요.

미술관에서 전시회도 보고,
취미로 그림도 그리고 목공예도
하고 있어요.

6장에서는?

무슨 일이든 어려움이 있고, 때로는 몸과 마음이 힘들기도 해요. 헤어드레서는 어떤 어려움이 있는지, 그럴 때 어떻게 극복하는지, 오랫동안 현장에서 일해온 선배 헤어드레서의 솔직한 이야기를 들어보아요.

얼굴보다 머리를 먼저 보는 습관이 있어요

사람들을 볼 때 제일 먼저 눈에 들어오는 것이 머리예요. TV를 볼 때도 마찬가지로 연예인의 얼굴이 아니라 머리를 보지요. 전과 헤어스타일이 어떻게 달라졌나 자세히 보고, 연예인의 얼굴이나 의상, 분위기에 맞는 스타일인가 따져보기도 하고요. 때로는 나라면 다르게 했겠다는 생각도 해요.

제 머리를 할 때는 다른 미용실에 가서 해요. 미용사는 다양한 경험을 하는 게 중요한 것 같아요. 요즘 다른 미용사들은 어떻게 머리를 자르고, 염색하는지, 트랜드의 변화는 없는지 살펴봐요. 제 숍에 머물러 있으면 변화를 잘 못 느낄 수 있어서 다양한 경험을 시도해 보는 거예요.

미용사는 일하는 시간의 대부분을 서서 일해요. 그래서 오랫동안 앉아서 일하는 사람들이 가지는 질병은 적지만, 대신 어깨와 손목, 손가락에 염증이 생기는 질병이 있어요. 가위질을 오래 하면 손가락과 손목에 무리가 많이 가요. 또 오십견도 빨리 오고요. 아마 집안일을 많이 하는 주부

들과 비슷할 거예요. 저도 한때 심하게 아픈 적이 있는데, 제 숍을 차리고 손님을 적게 받으니 괜찮아지더라고요. 이런 질병을 가지지 않으려면 일과 휴식을 적절히 분배하고 욕심내지 않아야 하지요.

고객의 마음을 살피는 게 중요해요

 헤어드레서는 손님의 삶에 조금 참여하는 직업이라고 생각해요. 머리를 하면서 많은 대화를 나누고 유대감을 쌓으면서 한 사람의 기분을 바꿀 수도 있기 때문이에요. 머리를 짧게 자르고 싶어서 오는 손님, 중요한 일이 있어서 스타일링을 하러 오는 손님, 슬픈 일이 있거나 우울한 일이 있어서 기분 전환을 하러 오는 손님, 기쁜 일이 있어서 더 행복해지려고 오는 손님, 이렇게 손님들은 저마다 다양한 이유에서 헤어드레서를 찾아와요. 그럴 때 헤어드레서는 손님의 마음을 먼저 살피고 그에 맞춰서 손님을 대해야 해요. 그러다 보면 때로는 정신과의사가 되는 것 같기도 하고, 손님의 표정만 보고도 감정을 척척 알아차리는 경지에 이르기도 해요. 미용 기술이 중요한 직업이지만 그에 더해 사람들의 마음을 읽고 공감대를 형성할 수 있어야 손님이 만족하는 머리를 완성할 수 있는 것 같아요.

고객을 대할 때 가장 중요한 것은 솔직함이에요

　예전에 직원으로 일할 때는 손님과 상담하면서 꼭 필요하지 않은 옵션을 권하는 경우가 있었어요. 아무래도 일이니까 매출에 신경 쓰지 않을 수가 없었던 거죠. 그런데 제가 솔직하지 못한 것을 손님들도 다 느끼더라고요. 오히려 솔직하게 꼭 필요한 것과 원하는 것에 관해 이야기 나누다 보면 진심이 느껴지고, 손님이 필요하다고 판단해서 권하지 않아도 스스로 매출을 올려줄 때도 있었어요. 친절함이나 기술도 중요하지만, 손님을 솔직하게 대하는 게 서비스의 핵심이라고 생각하게 되었어요.

　지금 저의 숍을 하면서는 더더욱 당장의 매출보다 솔직함이 훨씬 중요하다는 것을 알게 되었어요. 꼭 일뿐만 아니라 인생에서도 솔직한 태도로 사람들을 대했을 때 처음에는 손해 보는 것 같지만 계속 신뢰가 쌓여서 나중에는 점점 더 좋은 방향으로 나아가더라고요.

취미 생활로 스트레스를 풀어요

일이나 생활에서 오는 스트레스는 다양한 취미 생활을 즐기며 풀고 있어요. 요즘은 미술학원에서 취미로 미술을 배우는데요. 그림 그리는 시간이 너무 좋아요. 그림을 그리고 있으면 시간이 어떻게 지나갔는지 모르겠어요. 가끔 전시회에 찾아가 그림을 감상하는 시간도 좋아요. 그리고 일주일에 두 번은 수영을 하고 있어요. 행복한 삶을 살아가는 것도 건강한 육체에서 나온다는 생각이 드니까 운동하는 시간도 소중하더라고요. 그리고 가장 좋아하는 순간은 반려견 순심이와 산책하는 시간이에요. 제 가게가 남산 아래 있는데요. 순심이가 아니었다면 아무리 가까운 곳이어도 바쁜 일상에서 흙을 밟으면서 숲속을 거닐 기회를 스스로 만들지는 않았을 것 같아요. 그 산책 시간이 저에게는 마음이 쉬는 시간이지요.

머리카락을 이용해 만든 코스모스.

백 모발 피스에 중성 컬러로 염색하고, 도화지에 밑그림을 그린 뒤 원하는 꽃 모양을 본드로 굳게 만들었어요. 가위와 매직기를 이용해서 형태를 만들어 놓은 뒤 밑그림 위에 붙이고, 염색한 모발을 클리퍼를 이용해 가루로 만들어 하늘의 파란 부분, 구름의 흰 부분, 풀의 녹색 부분에 뿌려주고 스프레이로 고정했죠. 코스모스 몸 부분은 철사에 녹색 아크릴 물감을 칠했어요.

미술학원에서 첫 소묘를 배운 날

7장에서는?

그림 그리는 것을 좋아했던 소년이 어느 순간 헤어스타일링의 매력에 빠져 헤어드레서의 꿈을 꾸게 되었어요. 여러 어려움을 극복하고 마침내 꿈을 이룬 지금 머리를 다듬고 만족하는 고객들을 보며, 미래의 헤어드레서를 교육하며 보람 있는 나날을 보내고 있는 김원일 헤어드레서를 소개합니다.

어릴 적 꿈은 화가

　어릴 때부터 그림 그리기를 참 좋아해서 그림대회에 나가면 입상하곤 했어요. 고1 때 미술 선생님이 적극적으로 홍대 미대를 추천하셔서 미술 전공을 하려고 생각했었죠. 그런데 아버지의 반대로 토목공학과에 입학했어요. 대학에서 2학년 마치고 군 입대를 했는데, 군인들의 머리를 깎아주는 일을 하게 되었어요. 제가 손이 작은 편인데 운명인지 부대에서 사용하는 가위에 손가락이 들어가는 사람이 저밖에 없었어요. 자연스럽게 부대원의 머리를 깎는 일을 하게 되었고, 뜻밖에 이 일에 소질이 있다는 것도 알게 되었죠. 그래서 제대 후에 미용 일에 관심이 생겼어요.

머리에 물들이는 게 그림 그리는 것 같은 매력이 있어요

미용사가 하는 일을 관찰하게 되었는데, 하루는 탈색과 염색을 하는 헤어드레서가 마치 머리를 도화지 삼아 색칠하는 사람으로 보이는 거예요. 그 모습을 보고는 제가 그리고 싶은 그림을 머리카락에 그릴 수도 있겠다는 생각이 들었어요. 부모님께 미용사가 되고 싶다고 했더니 당연히 반대하셨죠. 그래서 집을 나와 스스로 학원비를 벌면서 배웠는데, 배울수록 제가 원하는 직업이 바로 이것이라는 확신이 들었죠.

그리고 사업하시는 작은아버지를 보고 저도 제 사업을 하는 사장이 되고 싶은 마음도 있었어요. 미용이 적은 돈으로도 사장이 될 수 있는 직업이라는 것도 저한테는 큰 매력으로 다가왔어요. 목표가 확실하고 자기가 좋아서 하면 힘든 일도 힘들지 않다고 하잖아요. 저한테 미용이 그런 일이에요.

인생의 멘토는 작은아버지

어린 시절부터 작은아버지를 보면서 저런 어른이 되고 싶다고 생각했어요. 제 눈에는 너무 멋있어 보였나 봐요. 제가 과거의 작은아버지와 같은 중년이 되어 생각해 봐도 멋있는 분이었어요. 제가 어렸을 때 넉넉하지 않은 살림에도 저희 부모님은 다섯 명의 자녀를 키우며 나이 어린 동생인 작은아버지 뒷바라지까지 하셨어요. 작은아버지는 목포에서 고등학교를 졸업하고 은행에서 일하다 주유 사업을 하셨고, 사업가로 성공한 후에는 정치에 입문해 목포 시의원으로 3선까지 하셨죠. 지금은 돌아가셨지만 아직도 작은아버지를 기억하는 어른들이 많더라고요. 굉장히 노력을 많이 한 분이셨죠. 그래서 저도 언젠가는 꼭 사업을 해서 작은아버지 같은 사람이 되고 싶다는 생각을 갖게 된 것 같아요.

꿈을 이루기까지 어려운 일도 있었어요

　제가 처음 미용을 시작할 때는 남자 헤어드레서가 많지 않았어요. 작은 숍은 보통 여자 원장님이 한두 명의 직원을 데리고 운영하니까 남자 미용사를 채용하기를 꺼렸어요. 그래서 저는 브랜드 숍 말고는 선택의 여지가 없었어요. 브랜드 숍은 직원이 30명 이상 되니까 남자가 한두 명 있어도 크게 불편해하지 않았거든요.

　헤어드레서가 되고 얼마 지나지 않았을 때 있었던 일이에요. 하루는 남자아이가 왔길래 머리를 잘 다듬어서 보냈어요. 그런데 아이의 어머니가 찾아와 원장님한테 다시 커트를 해달라고 하는 거예요. 머리가 마음에 들지 않아서가 아니라 비싼 돈을 냈는데 신입 헤어드레서가 커트를 한 게 언짢았던 거예요. 저보고 못 살고 못 배워서 미용사가 된 사람이라고 업신여기는 말도 서슴없이 하더라고요. 저는 대학을 졸업하고 꿈을 이루기 위해서 헤어드레서가 된 건데 그런 취급을 받으니 좀 억울했어요. 그런데 알고 보니 한 동네 사는 이웃이었고, 나중에 그분이 사과를 하셨어요.

저를 믿고 찾는 단골 덕분에
힘이 나요

제가 브랜드 숍에서 직원으로 일할 때부터 지금까지 18년 정도 오시는 단골손님이 있어요. 그분을 처음 만난 날 기억이 아직 생생한데요. 남대문에서 액세서리 관련 일을 하는 70대 정도의 개성 있는 여자분으로 외부 행사에 자신이 만든 액세서리 부스를 차려 알리는 특별한 날이라 머리를 하러 오신 거예요. 등 뒤까지 오는 긴 머리였고 흰머리가 정말 많아 어둡게 여러 번 염색한 상태였어요. 상담을 해보니 손님은 변화를 원하시는 것 같았어요. 그래서 저는 긴 머리를 쇼커트보다 더 짧은 남자 머리로 자르고 검은 머리까지 탈색한 후 회색 컬러를 입혀드렸어요. 기존에 검게 염색했던 것을 아예 바꿔서 흰머리에 가깝게 한 거죠. 그렇게 하고 가셨는데 그날 상품을 구매하러 온 사람들이 그분의 스타일을 보고 호기심에 이끌려 많이 찾아왔다고 해요. 제품을 판매하는 사람의 스타일을 보고 액세서리도 개성이 있을 거라고 생각했다는 거예요. 처음 본 손님이었는데 크게 만족하셔서 이후 단골이 되셨어요.

또 눈에 띄는 것을 싫어하는 남자 손님도 있어요. 은행원으로 공무원 느낌이 물씬 풍기는 분이었는데, 2주에 한 번씩은 머리카락을 자르러 오시더라고요. 남성들의 커트는 보통 기계로 머리 라인을 만들면서 자르는데, 2주 정도 지나면 머리 라인에서 튀어나오는 머리카락이 보이는 게 싫었다고 해요. 그 얘기를 듣고 고민하다가 이발소 느낌으로 잘라보는 건 어떤지 물어봤어요. 이발소는 가위만 사용해서 커트하는데요, 이것을 가위컷이라고 해요. 처음 해보는 컷이라 처음엔 낯설어하셨는데, 기계를 사용하지 않아 라인에서 튀어나오는 머리카락이 없어지면서 나중에는 한 달에 한 번씩 자르러 오셨어요. 그때 남자 커트 비용이 3만 5천 원이었는데, 오실 때마다 7만 원씩 주고 가셨어요. 오는 횟수가 줄어든 만큼 만족도가 높다며 두 번 오는 비용을 내고 가신 거죠. 돈을 떠나서 정말 헤어드레서로서 인정받은 기분이었어요. 그때 일하던 숍을 그만두고 개인 숍을 차려 나왔을 때 그분도 저를 따라 오셨어요. 가족들이 왜 그렇게 먼 곳까지 가서 자르냐고 하는데도, 제가 가게를 옮길 때마다 따라 오시는 단골 손님이에요. 정말 고마운 분들이죠.

반려견 순심이와 산책하며 행복한 시간을 보내요

순심이는 제가 키우는 대형견이에요. 순심이를 키우기 시작하면서 저의 생활이 정말 많이 달라졌어요. 그전까지는 집과 숍만 왔다 갔다 하는 반복적인 삶을 사는 평범한 미용사였는데, 순심이를 키우면서는 제 생활의 일부를 순심이에게 나눠줘야 했어요. 순심이를 데려오기 전에 이미 솜이라는 소형견을 키우고 있어서 대형견을 키우는 게 부담스럽지 않을 거라고 생각했어요. 그런데 저의 착각이었죠. 대형견은 하루에 최소 다섯 번 정도는 산책을 해줘야 해요. 숍 문을 열면 종일 일만 하던 제가 순심이를 위해 일을 중단하고 산책을 나가야 하는 상황이 처음에는 부담스러웠어요. 그런데 차차 순심이를 위한 산책의 시간이 저에게 행복한 순간으로 다가오더라고요. 미용실에서 매출에만 집중되어 있던 생각을 잠시 멈추고 순심이와 산책을 하면 삶이 돈이 전부가 아니구나, 순심이와 이렇게 즐겁게 살아갈 수 있구나, 하고 생각을 바꾸게 되는 계기가 되었어요. 그래서 지금은 점심과 저녁 시간에는 예약을 안 받고 순심이와 산책을 나가요. 또 쉬는 날에 집에만 있던 저에게 순심이는 밖으로 나갈 수 있는 핑곗거리가 되더라고요.

　저에게 순심이는 행운의 부적 같아요. 순심이가 TV에 천재 강아지로 출연하면서 색다른 경험도 하게 되고, 여러 가지 새로운 생각, 새로운 마음가짐이 들더라고요. 그래서 지금은 저와 순심이가 떼려야 뗄 수 없는 하나가 된 것 같은 느낌이에요. 제가 순심이에게 해 주는 것보다 순심이에게 받는 게 더 많다고 생각해요.

쉬는 날 우리 집 강아지들과 함께 남산 산책 중에

헤어 기술을 전수하는 교육자로 활동해요

　미용은 이론보다는 실기가 중요한 일이라 현장 실무 경험이 매우 중요해요. 저의 숍에 일하러 온 젊은이들을 보니 실기에 필요한 기본기보다 화려한 기술만 익혀 취업 현장에 나왔더라고요. 이런 친구들이 일하면서 어려움을 많이 겪는 것을 보고 기본기를 먼저 착실하게 배우면 좋았을 거라는 생각을 했어요. 또 손님으로 온 분 중에도 젊었을 때 미용 일을 하다가 결혼 후 자녀가 생겨서 그만두었다며, 이제라도 다시 미용 일을 할 수 있겠는지 묻는 분도 있었어요. 그래서 미용 일을 막 시작하는 어린 친구들과, 오랫동안 일을 그만두었다가 다시 이 일을 시작해 보려는 사람들을 도울 수 있는 방법을 찾게 되었지요. 마침 저도 대학원을 다니며 배움을 이어가게 되었고, 그곳에서 제가 쌓은 기술을 전수할 수 있는 기회를 얻게 되었어요. 지금은 여러 대학에서 학생들을 가르치며 큰 보람을 느끼고 있어요.

브랜드 숍 아카데미에서 졸업장을 받는 모습

이 학생은 제가 인덕대에서 가르쳤던 학생인데, 취업한 후에 아카데미에서 우연히 다시 만났어요. 아카데미 강사로 일을 하게 되어서 이런 자리가 만들어지니, 사람 인연은 알 수 없다는 말이 생각났죠.

현장에서 실시간으로 올림머리를 시연하는 장면

석사 모두가 참여하는 헤어쇼지만, 이날은 내가 주인공이라는 마인드로 실시간 시연을 선택했어요. 지금도 이날을 생각하면 모두의 시선을 한 몸에 받았던 기억이 생생해서 현장의 분위기가 느껴지는 듯해요.

8장에서는?

앞에서 미처 해결하지 못한 궁금증을 해결하는 시간! 어떤 종류의 헤어숍이 있고, 각각 어떤 특성이 있는지, 사람들에게 헤어숍은 어떤 의미가 있는 공간인지, 우리나라의 헤어산업의 수준은 어떤지 등 평소 궁금했던 것을 알아보아요.

QUESTION 01
헤어드레서가 보는 아름다움의 기준은 무엇인가요?

아름다움에 관한 관심과 노력은 사람이라면 누구나 가지고 있는 본능 같아요. 그렇지만 아름다움의 기준은 사람마다 다르지요. 저는 자신만의 개성을 표현하는 것이 아름다움이라고 생각해요. 화려한 패션과 헤어를 하고 다닌다고 다 개성 있는 사람은 아닌 것 같아요. 때와 장소에 맞게, 자신의 성격과 조화를 이루도록 외모를 표현하면서 타인의 시선을 의식하지 않지만 배려해 주는 사람이 진짜 개성 있는 사람이 아닐까요? 자기만의 기준이 확실히 있어서 본인의 장점을 살리고 단점을 보완해 꾸민다면, 그것이 진정한 아름다움이라고 생각해요.

손님에게 헤어숍은 어떤 의미가 있는 공간일까요?

QUESTION 02

　단순하게는 아름다운 헤어스타일링을 하는 공간이에요. 자신만의 스타일과 개성을 살려주는 공간이죠. 나아가서는 힐링하고 휴식하는 공간이기도 해요. 실제로 연인과 헤어졌다거나 우울한 일이 있어서 기분 전환이 필요할 때 헤어숍에 많이 가잖아요. 새로운 스타일로 머리를 가꾸고 헤어드레서와 대화하면서 스트레스도 풀리고 기분도 좋아진다는 손님이 많은 것도 사실이고요.

　그리고 한 동네에서 오래 숍을 운영하면 자연스럽게 사랑방처럼 이웃들과 만나는 장소가 되기도 해요. 머리를 자르러 갔는데 오랜만에 얼굴을 보는 이웃을 만나 서로의 소식도 전하고 대화를 나누는 소통의 자리가 만들어 지지요. 또 면접을 보거나 결혼식에 참석하는 등 중요한 날이라면 거기에 맞는 스타일링이 필요할 때 손님들이 많이 찾아와요. 패션의 완성은 헤어라는 말이 있는 것처럼 옷과 분위기에 맞는 헤어스타일링으로 자신감을 갖추는 곳이기도 하지요.

두 번째 운영한 미용실

용산에서 35평 정도의 공간을 사용했어요. 직원 다섯 명을 고용했고, 3년 이상 장기근무자들이 생기면서 저 또한 대학원에 진학하여 공부를 이어갈 수 있었던 의미 있는 공간이에요.

고객들의 연령대가 높았지만 2층에 미용실을 개업했고, 원장인 저는 휴무 없이 주 7일 열었어요.

당시에 남성 커트비는 18,000원이었죠. 대형견 래브라도 레트리버 순심이와 함께 하기 위해 이곳에 개업했어요.

QUESTION 03

헤어숍 종류가 궁금해요

 헤어숍은 규모에 따라 대형, 중형, 1인 숍으로 나눌 수 있어요. 대형 숍은 헤어는 물론이고 네일, 메이크업, 마사지까지 미용 관련 서비스를 종합적으로 제공해요. 각 분야마다 여러 명이 팀을 이루고, 한 분야에서도 일을 세분화해 담당하는 사람을 두는데요. 헤어의 예를 들자면, 커트를 잘하는 사람은 커트만 하고, 염색을 잘하는 사람은 염색만 하고, 샴푸와 두피 마사지만 하는 사람이 따로 있는 식이지요. 그래서 커트와 염색을 하고 싶은 고객이라면 세 명에게 서비스를 받는 거예요.

 중형 숍은 대형 숍 만큼 일을 세세하게 나눠서 하기는 어려워요. 그래서 헤어드레서들끼리 나름대로 규칙을 세워 일을 나눠서 하지요. 그리고 1인 숍은 혼자서 모든 일을 하는데요. 요즘 젊은 헤어드레서 중에는 어느 한 가지를 특기로 삼아 특화된 숍을 여는 경우가 많아요. 탈색이나 염색, 또는 특수 머리라고 해서 레게머리나 가발을 전문으로 다루는 숍 등이에요. 이런 특색을 가진 숍은 젊은이들이 많이 모이는 곳에 있어요.

프랜차이즈 헤어숍은 어떤 특징이 있나요?

QUESTION 04

브랜드 헤어숍은 그 브랜드만의 특징적인 기술이 있어요. 그래서 브랜드 자체에서 아카데미를 운영해 직원들에게 기술 교육을 해요. 신입 직원을 채용하면 아카데미에서 인턴으로 시작해 레벨에 맞는 교육을 받아요. 각 단계별 테스트를 통과해야 레벨이 올라가고, 마침내 헤어드레서가 되는 거예요. 그 브랜드의 기술력을 배워 전문가가 되는 거지요. 이렇게 아카데미에서 성장한 후에는 직영점에서 일할 수도 있고 프랜차이즈 헤어숍을 차릴 수도 있어요. 또 브랜드 숍은 인테리어와 서비스에도 고유한 콘셉트가 있어요. 손님에게 제공하는 컵부터 재료, 인테리어까지 모두 본사 콘셉트를 따라야 해요.

프랜차이즈 헤어숍을 내는 방식도 브랜드마다 다른데요. 어떤 브랜드는 직원으로 10년 이상 일한 사람만 체인점을 낼 수 있는 자격이 있어요. 자기네 출신 헤어드레서를 챙기면서 브랜드의 가치를 유지하는 방법이지요. 반면에 박승철, 박준, 이철, 이가자, 차홍 같은 브랜드 숍은 직영과

체인점이 다 있어요. 체인점을 내는 사람이 꼭 헤어드레서가 아니라도 괜찮아요. 직원을 뽑아 본사 아카데미에서 기본적인 기술과 서비스 교육을 받도록 하면 되고, 본사에 로열티를 내고 숍을 운영하면 되니까요.

　브랜드 숍의 좋은 점은 따로 홍보하지 않아도 손님이 찾아온다는 거예요. 기술력을 인정받은 브랜드이기 때문이에요. 그런데 브랜드 숍도 유행을 타요. 전에는 박승철이 유행하다가 다음에는 박준, 요즘에는 차홍이 젊은 사람들에게 인기가 많아요. TV 프로그램에 많이 나오는 브랜드, 브랜드를 대표하는 헤어드레서의 이미지 등이 영향을 받는 것 같아요.

헤어숍마다 왜 시술 비용이 다른가요?

QUESTION 05

　시술 비용에서 가장 많은 부분을 차지하는 것은 건물 임대료와 인건비예요. 임대료는 서울이냐, 지방이냐에 따라 다르고, 서울이라도 강남이냐 강북이냐, 역세권이냐, 주택가냐에 따라 천차만별이에요. 그리고 본인이 운영하는가, 체인점인가에 따라 달라지는 것도 있어요. 체인점은 본사의 상표를 사용하기 위해 일정한 비용을 내기 때문에 개인이 운영하는 숍보다 비용이 더 들어요. 여기에 어떤 재료를 쓰는가도 영향을 미치지요. 비싼 재료를 사용하면 그만큼 재료비가 시술 비용에 포함되거든요.

　여기까지는 손쉽게 계산할 수 있어요. 그러나 마지막으로 시술 비용에 포함되는 인건비, 즉 헤어드레서의 기술력은 돈으로 계산하기 어려운 점이 있어요. 미용사와 고객이 생각하는 기술의 수준이 다를 수 있기 때문이에요. 미용 기술에 대해 요금을 매기는 사람은 헤어드레서 본인이에요. 하지만 그 비용이 적절하다고 판단하는 것은 고객의 몫이지요. 고객이 계속 온다면 그 값만큼 기술력을 인정받는 것이 되니까요.

그렇지만 시술 요금으로만 헤어드레서의 기술력을 평가할 수 없는 현실적인 면도 있어요. 저는 브랜드 숍부터 개인 숍까지 다 해봤는데요. 기술력을 가장 우선으로 했다면 개인 숍을 할 때도 브랜드 숍만큼 요금을 받았을 거예요. 하지만 현실은 그렇지 않더라고요. 반대로 비싼 지역의 브랜드 숍에 소속되어 있고, 직급도 원장이나 부원장처럼 높으면 기술력에 상관없이 요금을 몇 배 더 받는 일도 있어요. 그래서 숍마다 요금이 다 다른 게 현실이에요.

QUESTION 06
헤어드레서의 수입은 얼마나 되나요?

브랜드 숍에서 인턴이나 초급 헤어드레서로 일하면 월급을 받아요. 인턴은 최저 시급 이상을 보장하고, 법정 근무시간을 지켜요. 초급 헤어드레서는 월급제이긴 하지만 일정 금액 이상 매출을 올리면 인센티브를 받는 방식으로 계약을 해요. 기본급은 받으면서 노력한 만큼 수입을 더 얻을 수 있어요. 헤어드레서로 기술력을 인정받으면 그때부터는 기본급 없이 손님이 지불한 금액에서 얼마를 받는 거예요. 그 비율은 헤어드레서마다 다른데요, 청담동 고급 헤어숍에서는 억대의 연봉을 받는 사람도 있지요.

개인 숍을 차렸다면 숍을 운영할 만큼의 매출이 나와야 해요. 저 같은 경우 임대료와 직원 월급, 그리고 저의 수입까지 챙기려면 한 달 매출이 900만 원 이상 되어야 하는데요. 개인 숍은 다달이 들어오는 수입은 조금씩 다르지만, 노력한 만큼 돈을 벌 수 있지요.

이 직업의 미래를 어떻게 예상하세요?

QUESTION 07

　미용은 단순히 기술적인 작업이 아니라, 손님의 얼굴형, 피부 톤, 스타일, 성격, 그리고 현재 트렌드를 종합적으로 고려하여 고객에 맞게 시술하는 창의적인 작업이에요. AI는 데이터 기반으로 제안은 할 수 있지만, 인간이 가진 독창성과 예술적인 감각을 완전히 모방하기는 어려워요.

　미용사는 머리카락, 두피, 얼굴 등을 직접 만지며 섬세하게 작업해요. 컷, 펌, 염색 등을 할 때 손님의 머리카락 상태와 질감을 직접 느끼고 그에 맞춰 기술을 응용하는데요. AI 로봇이 비슷한 작업을 수행할 수 있더라도, 사람처럼 자연스러운 손길로 시술하기는 어려울 거예요.

　그리고 손님과 소통하는 것도 문제가 될 거예요. 손님들이 요구하는 스타일을 파악하는 것부터, 시술하는 중 예상치 못한 문제가 발생할 경우 사람은 상황에 맞게 대처할 수 있지만 AI는 어렵지 않을까요? 미용실에서 머리를 하는 고객은 단순히 외모를 가꾸는 것을 넘어 미용사와 대화를 통해 스트레스도 풀고 기분 전환도 하는데, 인공지능이 이러한 감정적인 연결을 제공하기는 한계가 있을 것 같아요.

이렇게 헤어드레서는 기술적인 능력뿐 아니라 창의성과 소통 능력, 공감 능력을 가진 직업이기 때문에 AI가 대신하기는 어려울 거예요.

QUESTION 08
손님의 취향을 파악하는 노하우가 있나요?

　손님 중에는 본인과 어울릴만한 헤어스타일을 추천해달라는 분들이 있어요. 처음 이 일을 시작할 때도 어려웠고, 지금도 어려운 문제예요. 물론 딱 보면 바로 알아차리는 감각이 있는 사람도 있지만, 처음엔 기술을 익히느라 다른 것이 눈에 들어오지 않아서 다른 사람의 취향까지 살펴서 추천하는 게 부담스럽고 힘들어요. 동료나 고객들과 소통하는 것도 어렵고요. 그런데 이 단계가 지나 경력이 쌓이고 노련미가 생기면 어느 순간 다른 사람의 마음과 생각을 읽는 능력이 생겨요. 기술을 쌓기 위해 나에게 집중되었던 마음이 다른 사람에게 향하게 되고, 다른 사람의 취향을 읽을 수 있게 수 있게 되는 거예요. 그 단계에 이르면 고객의 요구와 나의 기술이 만나 창의적이고 조화로운 스타일을 어렵지 않게 만들 수 있어요. 하지만 고객의 요구와 저의 기술과 상상력이 언제나 일치되는 건 아니라서 여전히 어려운 문제예요. 고객의 취향을 맞출 수 있는 특별한 방법을 제시할 수 있는 것도 아니고요. 경험을 쌓아가며 차차 자신만의 노하우를 만들어야겠지요.

QUESTION 09
헤어산업이 발달한 나라는 어디인가요?

영국을 꼽을 수 있어요. 예전에는 영국의 비달사순이나 토니앤가이 같은 곳에서 공부하고 온 헤어드레서가 국내에서 인정받았어요. 아시아에서는 일본의 헤어산업이 제일 먼저 발전했고, 우리나라 사람들이 일본으로 유학을 많이 갔었죠. 지금도 그런 분위기가 조금 남아있는 건 사실이에요.

그런데 요즘은 우리나라 서울에도 수준 높은 뷰티 아카데미가 많아서 굳이 외국에 가지 않아도 배울 기회가 충분해요. 이제는 거꾸로 중국이나 일본, 베트남을 비롯한 동남아시아에서 우리나라 헤어 기술을 배우러 오는 사람도 많아요. 국내 회사에서 만드는 매직기나 열풍 기계도 수출을 많이 하고요. 유럽 국가들은 아직도 자신들이 우월하다고 생각해서 다른 나라 제품을 수입하지 않는 경향이 있는데, 지금은 유럽으로 유학을 가더라도 그곳에서 선진적인 무언가를 배워온다는 기대는 거의 없어요. 그래서 저는 뷰티 산업, 헤어산업은 이제 한국이 세계 1등이라고 생각해요.

베트남에서 열린 국제 스타킹대회에 심사위원으로 참석

앞으로 헤어숍은 어떻게 발전할까요?

　당분간은 1인 숍이 더 많아질 것 같아요. 숍의 형태도 변화가 있는데요. 예전에는 동네에서 보던 1인 미용실 숫자가 더 많았다가, 어느 순간부터 브랜드 숍이 더 많았어요. 그런데 요즘 다시 1인 숍의 숫자가 증가하고 있어요. 이건 한곳에 오래 머무는 것을 싫어하고, 직급이 있는 직장을 좋아하지 않는 젊은 세대의 성향이 반영된 것 같아요. 또 브랜드 숍보다 유행에 빠르게 대처해 변화할 수 있고, 본인이 주도적으로 운영할 수 있는 1인 숍을 선호하지요.

　그리고 젊은 세대는 SNS나 유튜브 등 다양한 방법으로 숍을 홍보할 수 있어서 브랜드의 힘을 빌리지 않고도 유명해지는 사람이 있어요. SNS 팔로워나 유튜브 조회 수가 많으면 고객 예약도 많이 들어오고 방송국에서 취재하러 찾아오기도 해요. 거기에 특수머리나 염색 같은 특성을 살리면 그런 분야에 관심이 있는 고객들이 더 몰리기도 해요. 그래서 당분간은 브랜드 숍보다는 1인 숍이 더 많아질 것 같아요.

브랜드 헤어숍에서 운영하는
아카데미 1레벨 수강생들

아카데미는 보통 1레벨부터 5레벨까지 있으며 레벨별로
펌, 염색, 드라이, 올림머리, 커트 순으로 수업이 진행돼요.
레벨당 6개월의 시간이 소요되고, 수업이 끝날 때 테스트를 본 후
통과해야 다음 레벨로 올라가는 시스템이죠.
사진 속 증명서는 레벨을 통과했다는 디플로마이며
수업 마지막 날 수여식 후에 촬영한 거예요.
이날은 1레벨 강사의 자격으로 참석했고, 매번 졸업식에 갈 때는
부모가 된 기분이 들죠. 다음 레벨에서도 잘하길 바라는 마음이에요.

2레벨 수업은 남자 머리와 드라이 수업으로 이루어지며
이 수업 또한 6개월이 한 코스예요. 겨울에 이루어진 수업이었고,
8시 시작인 1교시 수업이었기 때문에 새벽 5시 30분에 일어나야 해서
조금은 힘든 시간이었죠. 하지만 이 시간에 나오는 학생들을
생각하면 일주일에 한 번인 이 수업이 매우 중요한 시간이었어요.
학생들은 수업을 듣고 오후에는 일을 나가야 하니 저보다 훨씬 힘들었을 텐데,
열심히 하는 모습에 늘 대견했어요.

모 브랜드 아카데미 2레벨 클래스에 대한 기억과
추억들

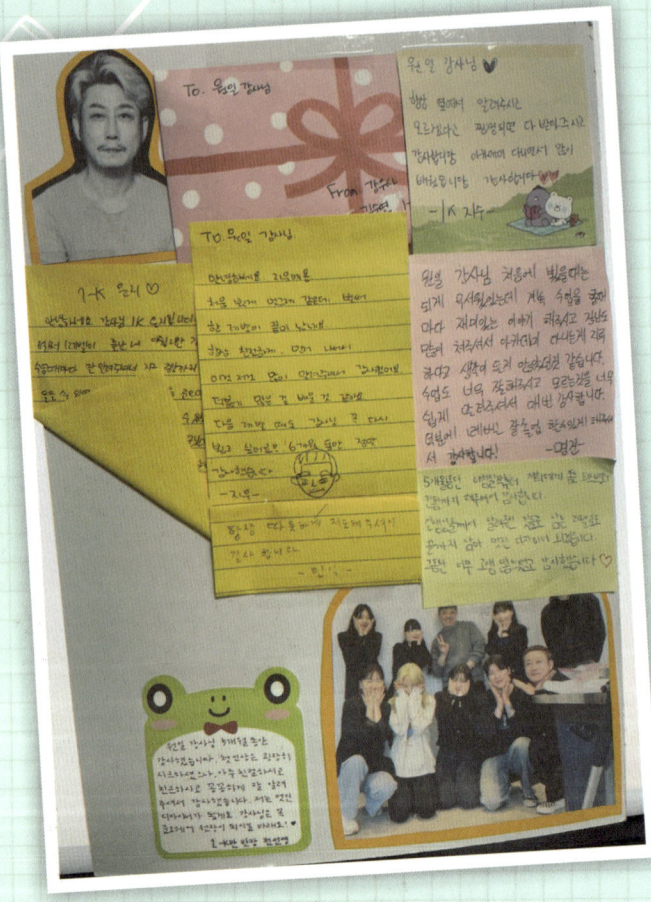

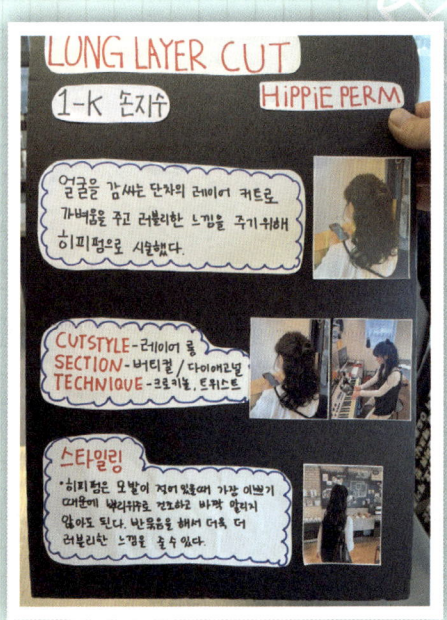

학생들이 6개월간 배운 커트를 기반으로
자유롭게 자른 머리를 스타일 한 후 발표하는 자리

염색의 기본 베이직부터 탈색까지
진행하는 수업인데요. 모발 피스를 사용하여
염색을 해봄으로써 색감을 이해하고 명도,
채도, 레벨을 이해할 수 있죠. 염색을 바르는
방법도 익히고 모발의 특징도 알아가는
수업이에요.

6개월 동안 수업을 들은 인턴 학생들이 본인이 헤어드레서가 되었다고 생각하며
프리 커트를 하고, 상황을 만들어서 재현하고 설명하는 모습이에요.
마네킹 머리만 커트하는 것이 아니라, 그동안 배운 커트를 기반으로
마네킹에 메이크업과 의상도 입히고 본인만의 개성을 살려서 표현하죠.
제 점수와 다른 학생들이 준 점수를 더해 베스트를 뽑는 방식이에요.

서경대학교 학부 졸업작품

조선시대의 남자와 여자,
봄과 화이트를 표현하기 위해 의상을 제작했고,
머리는 직업과 계층을 표현했어요.
모든 머리는 철사로 토대를 만들고,
올림머리를 해서 머리를 올려 고정한 방식이에요.
철사로 만든 토대에 천과 헤어 모발 피스,
여러 재료를 사용하여 실리콘과
철사 타이 등으로 고정하고,
봄을 느낄 수 있게 작품을 구현했죠.

작품 토대를 만드는 과정

철사를 이용해 굵은 기둥과 가는 줄기 등을 만들고, 머리에 고정할 수 있게 넓은 면적을 만들어서 기본 작업을 해야 모델이 착용하고 안전하게 워킹할 수 있어요. 이 작업이 모든 작품의 기본이 되는 작업이라고 할 수 있죠.

단발 허쉬 컷

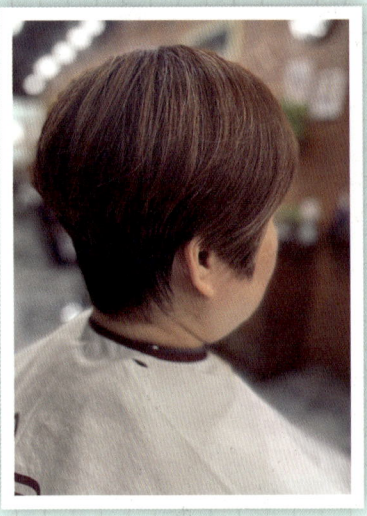

목 부분은 가벼움을 주기 위해 층을 많이 주었고, 탑과 사이드는 볼륨감을 주기 위해 층을 만들지 않았어요. 사이드는 귀를 파고, 꽂지 않게 짧게 잘라 중성의 느낌을 살렸죠. 밝은색으로 염색해서 젊은 느낌과 활동성을 부각했어요.

댄디 컷

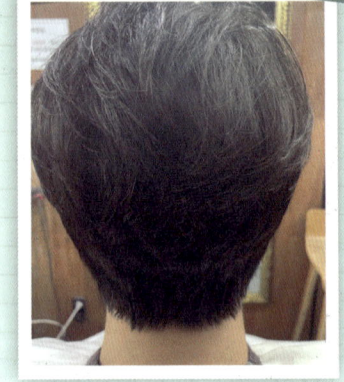

짧은 바리캉 커트를 싫어하는 고객들이 하는 머리예요. 바리캉을 사용하지 않고 가위로만 진행해서 가위 컷이라고도 불리죠. 여자 머리와 다르게 볼륨을 주면 안 되는 머리고, 슬림하게 만들어 주는 게 포인트라 레이어를 많이 주면서 시술을 진행했어요.

나이가 있는 여성들이 좋아하는 단발 커트

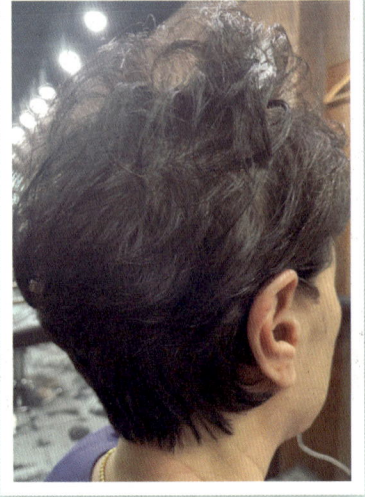

일명 청담동 사모님 커트라고 불리는 스타일인데요. 뒷부분은 볼륨을 주기 위해 단발로 자르면서 사이드는 귀에 꽂을 수 있게 커트로 진행했어요. 탑 또한 볼륨을 위해 너무 짧지 않게 자르는 것이 포인트예요. 고객들이 항상 대만족하죠.

백모 염색

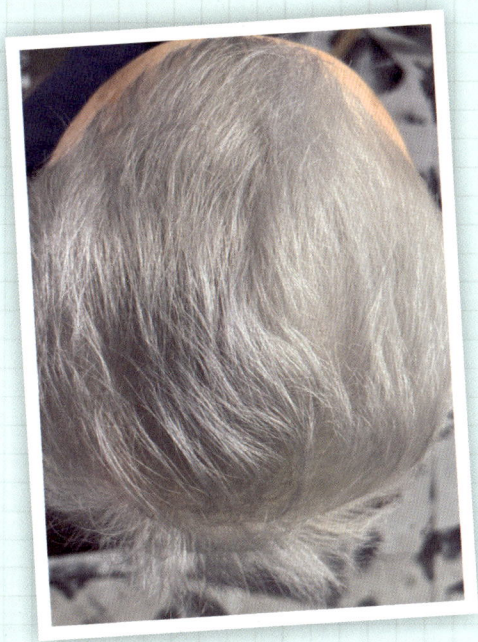

백모를 표현하기 위해서 탈색을 3회 진행했어요.
노란색을 잡기 위해 보색 작업을 진행했고,
12레벨의 화이트 염색을 토닝 작업 후 마무리했어요.
고객은 인생에서 한번은 흰머리를 하고 싶었는데,
소원을 이루었다며 즐거워했죠.

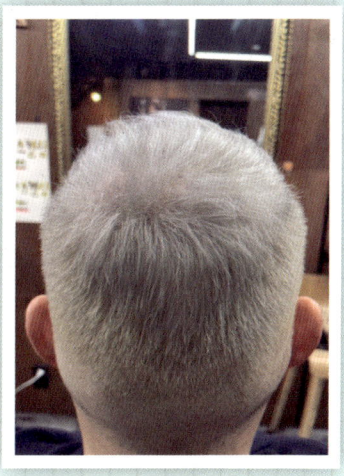

군대 가기 전에 회색 머리를 해보길 원해서
탈색 2회 후 12레벨의 그레이 색상으로
염색했어요. 고객은 만족했고, 한 달 뒤에
입대했죠.

컬러 염색

남성 레드와인 염색 시술

탈색 세 번 진행 후, 로즈 염색으로 8레벨 토닝하고 마무리했어요. 탁한 레드 빛이 아닌 본인이 원하던 쨍한 색상이 나와서 고객이 만족했죠.

남성 레드와인 염색 시술

탈색을 세 번 진행하고, 마지막으로 블루 색상의 6레벨 염색으로 토닝 작업을 했어요. 푸른 바다색으로 잘 표현되었네요.

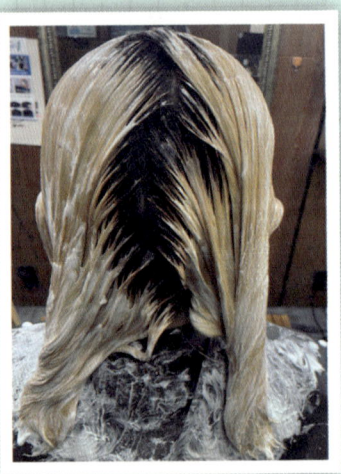

여성 블랙 빼기 시술

탈색한 지 두 달이 넘었고, 집에서 셀프로 염색했다가 망쳐서 다시 염색을 지우고 뿌리 탈색을 원한 경우예요. 기존 염색 부분을 탈색 1회로 지우기 작업한 후에, 뿌리 2센티를 탈색 1회 작업했어요.

여성 레드 염색 시술

탈색은 한 번만 진행했고 6레벨의 어두운 레드로 염색했어요. 레드 색이라는 특성상 탈색을 한 번만 해도 되었고, 진한 레드를 원해서 낮은 레벨을 선택했죠. 이런 경우에는 색을 오래 유지할 수 있고 쨍한 색을 나타낼 수 있어요.

남성 4색 칼라 염색 시술

핑크, 그레이, 블루, 그린 컬러 염색 시술로 탈색 4회 진행했어요. 4등분으로 나누어서 중성 컬러로 각각 색을 입히고, 서로 오버랩되지 않게 랩을 씌워서 방치 후에 조심히 샴푸를 진행했어요. 머리를 말리니 색깔이 오버랩되면서 몽환적인 느낌이 연출됐어요.

댄디 펌

커트는 가위로만 진행하고
너무 짧지 않게 해야 해요.
펌은 핑클을 사용해서
한 듯 안 한듯하게 하는 게
포인트죠.

남성 블루 염색 시술

머리를 투 블록으로 자른 후에 짧은 머리는 그대로 두고, 긴
머리만 탈색을 원해서 탈색 1회 진행했어요. 집에서 본인이
원하는 염색을 할 수 있게 해달라고 요청해서 베이스만
깔아주었죠.

투 블록 댄디 컷과 오션블루

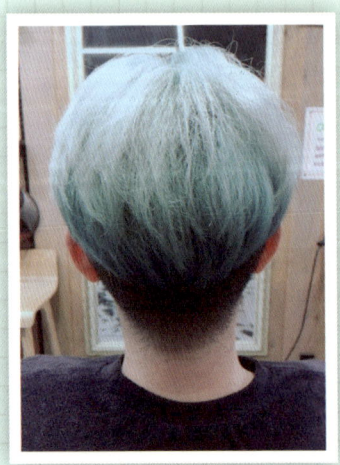

남성 카키 염색 시술

탈색을 네 번 진행하고 바리캉으로 자른 부분은
염색하지 않았어요. 탑과 뿌리는 밝은 에쉬 계열의
12레벨 블루, 회색, 카키를 믹스하여 염색하고,
밑단은 찐한 카키를 사용했어요.

커트는 투 블록으로 속머리는 짧게 자르고,
탑 머리는 기르는 중이라 다듬기만 했어요.
탈색을 세 번 진행하고, 노란 톤을 잡는 보색 작업 후
오션블루 염색으로 6레벨 다운하여 진행했어요.

남성 가르마 투 블럭 컷 시술

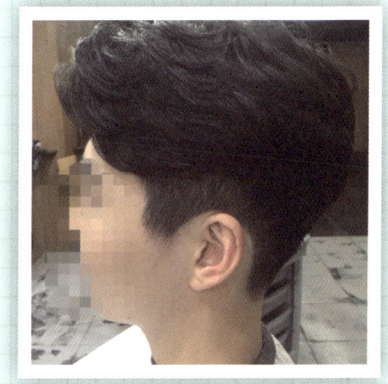

머리를 투 블록으로 자른 후에 짧은 머리는 그대로 두고, 긴 머리만 탈색을 원해서 탈색 1회 진행했어요. 집에서 본인이 원하는 염색을 할 수 있게 해달라고 요청해서 베이스만 깔아주었죠.

어린이 페이드 컷 아이론 펌 시술

머리숱이 많고 뜨는 머리여서 투 블록으로 짧게 잘랐어요. 아이론으로 파마를 해주어서 강한 머리도 죽이고, 파마도 잘 나온 케이스예요.

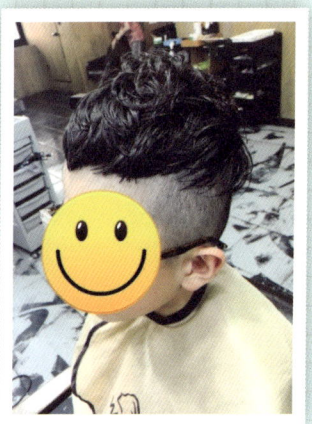

여러 상들

커트 단계의 수업을 모두 수료하고 통과해서 받은 피봇 커트 디플로마예요. 헤어드레서 생활을 해오면서 정체기가 오고 부족함을 느끼게 되었을 때 이 기술을 배우게 되었고, 이후 점점 헤어드레서로 완성되는 나 자신을 느낄 수 있었죠.

피봇 커트를 배우고, 염색에 대해 더 알고 싶은 마음에 새롭게 시도해 자격증을 취득했어요.

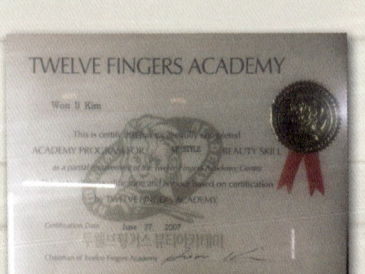

커트와 염색 위주로 스타일링을 하다가 올림머리에 관심이 생겼고, 더 전문적으로 하고 싶은 생각에 올림머리에 특화된 아카데미를 수소문하여 알게 됐어요. 6개월 과정을 수료하고 통과했는데요. 하나하나 완성이 되어가면서,
나 스스로 단단해짐을 느낄 수 있었죠.

피봇 펌까지 모든 레벨을 완성하고 싶은 욕심에 커트 염색 펌까지 섭렵하게 됐어요.
포기하지 않았고, 피봇의 모든 단계를 수료하고 통과하게 되어 매우 만족했죠.

취미 생활

봄을 대표하는 개나리를 표현한 작품이에요. 박사 소논문을 쓰는데, 통계 논문이 아닌 작품 논문을 쓰고 싶어서 4계절을 대표하는 꽃으로 선택했어요. 모든 재료는 모발과 피스를 사용했고, 밑그림을 그린 후 붙여서 만들었어요. 그림이 아닌 입체적인 작품이죠. 작품을 이용한 논문을 남길 수 있었던 의미 있는 시간이었어요.

여름을 대표하는 나팔꽃을 모티브로 한 작품이에요.

겨울을 대표하는 동백꽃을 모티브로 한 작품이에요.

1. 이 책에 소개한 헤어스타일을 참고해 가족과 친구들에게 어울릴 스타일을 추천하고, 그렇게 생각한 이유와 헤어스타일의 특징을 써보세요.

---

2. 엄마나 아빠에게 미용실을 정할 때 무엇을 가장 우선으로 생각하는지 질문하고 답을 적어보세요.

---

3. 동네에 머리 잘한다고 소문난 곳이 있으면 찾아가 머리를 직접 해보고 느낀 점을 적어보세요.

---

4. 단골 미용실을 만들고 (있다면 그곳에 가서) 헤어드레서에게 궁금한 것을 물어보고 느낀 점을 적어보세요.

----

5. 내가 헤어드레서가 된다면 어떤 헤어드레서가 되고 싶은지 적어보세요.

초등학생의 진로와 직업 탐색을 위한 잡프러포즈 시리즈 49

헤어드레서는 어때?

2025년 3월 4일 초판 1쇄

지은이 | 김원일
펴낸이 | 김민영
펴낸곳 | 토크쇼

편집인 | 박성은
표지 디자인 | 이희우
본문 디자인 | 책읽는소리
마케팅 | 신성종
홍보 | 이예지

출판등록 2016년 7월 21일 제 2023-000173호
주소 | 서울시 마포구 월드컵북로98, 2층 202호
전화 | 070-4200-0327
팩스 | 070-7966-9327
전자우편 | myys327@gmail.com
ISBN | 979-11-94260-29-5(73190)
정가 | 13,000원

이 책의 저작권은 저자와 출판사에 있습니다.
서면에 의한 저자와 출판사의 허락 없이 책의 전부 또는
일부 내용을 사용할 수 없습니다.